HOMÈRE — SOPHOCLE — PINDARE

LA GRÈCE

ET

LA QUESTION D'ORIENT

DANS L'AVENIR

PAR F. MAZUY

MARSEILLE
TYPOGRAPHIE ET LITHOGRAPHIE ARNAUD ET Cie
Canebière, 10

1856

CANARIS — BOTZARIS — NIKITAS

LA GRÈCE

ET LA

QUESTION D'ORIENT

DANS L'AVENIR.

PAR F. MAZUY.

MARSEILLE
TYPOGRAPHIE ET LITHOGRAPHIE ARNAUD ET Cie,
Canebière, 10.

—

1856.

UN MOT AU LECTEUR,

Plutarque nous raconte, dans ses œuvres admirables, que le roi de Sparte, Agésilas, avait l'habitude de dire que « *Les peuples de l'Asie ne valaient rien* « *pour être des hommes libres, mais* « *qu'ils étaient très-bien pour faire des* « *esclaves* (1). » Il y a plus de deux mille ans que cette remarque a été faite par le vaincu de Mantinée, et cette remarque est encore une vérité. Que l'observateur impartial jette un coup-d'œil sur les plus grandes parties du monde ancien, et qu'il dise s'il se trouve, en Asie, un coin de terre, une ville, une

(1) Amyot.

bourgade, où des lois nationales, le respect du nom d'homme soient écrits dans une charte. La Turquie asiatique est gouvernée par des pachas avides et cruels; les Caucasiens dont on a tant parlé depuis trois ans, sont des barbares qui croient défendre leur liberté en défendant leurs montagnes ; comme leurs voisins, ils ont des opresseurs, ils font le commerce des esclaves. Les Persans, sont tombés au dernier degré de l'abrutissement despotique; l'Inde, cette portion immense de l'Asie, a cent quarante millons d'esclaves obéissant à l'Angleterre; les peuplades qui habitent en deçà et au delà de l'Hymalaya sont un peu plus esclaves que les Anglo-Indiens. La Chine n'a point de garanties nationales ; le Japon pas davantage, et les possessions Russes sont administrées comme chacun sait. Si l'effet du climat, le relâchement des mœurs avaient permis à ces peuples de changer les lois de Brama, de Confucius, de Mahomet, par les lois évangéliques, peut-être la prophétie d'Agésilas aurait pu recevoir un démenti ; mais la vie sensuelle leur plaît, ils s'y vautrent avec bonheur. Pourquoi travailler? Il leur faut si peu pour vivre. Pourquoi la liberté? Elle est si turbulente. La verge d'un tyran ne leur fait point peur; au contraire, elle leur évite la fatigue d'étudier pour apprendre à gouverner. Voyez l'histoire de leurs révolutions; pas une pour une idée; tous, sans exception, n'ont jamais pris les armes que pour se disputer le choix de leurs oppresseurs.

Un rapprochement historique entre deux faits, séparés par deux mille siècles, se prépare : l'Asie, un jour, s'est ruée sur l'Europe, l'histoire de son invasion est écrite sur les débris de Rome et de la Grèce. Aujourd'hui, les rôles sont changés : l'Europe envahit l'Asie pour lui inoculer cette civilisation qu'elle doit elle-même à ses immenses travaux, et qu'elle est obligée, par ses besoins commerciaux, à disséminer partout. L'Amérique va toute seule; l'Afrique est inconnue, c'est donc l'Asie qui a le plus besoin du secours de l'Europe.

La nation la plus rapprochée de l'Europe, celle qui a un gouvernement quelque peu régulier, un semblant de législation, la Turquie, enfin, aurait pu le faire ; mais le Koran s'y oppose.

Voilà le fond de notre sujet.

Dire que la Turquie abandonnera le Koran, sans des moyens violents, c'est bien peu connaître et ses lois, et les hommes qui les suivent. Il serait à désirer qu'il en fût autrement ; car il est regrettable que l'Europe soit dérangée tous les dix ans, dans sa marche pacifique pour venir mettre le *holà* entre eux et leurs voisins. La révolte d'Ibrahim contre son souverain a failli amener une guerre terrible entre la France et l'Angleterre. Sans le traité de Paris, signé le 31 mars, les peuples de l'Europe couraient le risque de s'entregorger de nouveau. Et tout cela, pourquoi ? Pour prolonger la vie d'un empire malade, qui refuse tous les remèdes offerts pour sa guérison.

Ne pourrait-on pas, sans exagération, comparer les peuples d'Asie à ces pauvres enfants à qui répugne l'odeur d'une médecine, et qui préfèrent succomber au mal qui les dévore, plutôt que de supporter un léger dérangement d'un jour ?

Les médecins de l'Asie sont en Europe, et les remèdes sont l'Évangile, les arts, l'industrie, etc. Si ces remèdes sont mis de côté, le mal emportera le malade; et malheureusement tous ces peuples sont de grands enfants. Faut-il élever un palais, creuser des canaux, construire des navires, monter une imprimerie, fonder une banque, vite un appel est fait aux Européens. Les Asiatiques n'inventent rien : tout au plus si, à force de patience, ils peuvent arriver à singer, tout de travers, les magnifiques créations de leurs anciens esclaves.

Il manque donc à ces peuples, pour vivre politiquement, tous les organes vitaux qui forment le corps d'une nation, dans toute l'acception du mot : mauvaises mœurs, mauvaises lois, mauvaise administration civile et militaire ; et pas un moyen, jusqu'à présent, de remédier à ces maux, pas un moyen, nous le répétons ; car les vices qui entravent les améliorations sont les fruits malheureux de la chose la plus sainte à leurs yeux, de la religion. Plutôt mourir avec Mahomet et Brama que de vivre avec le Christ. *Ce qui est écrit est écrit*, disent-ils. Le fatalisme avec toutes ses sottises est là! C'est grâce à l'influence de ce beau raisonnement qu'une poignée d'aventuriers anglais a conquis l'Inde, et que l'empire le plus nouveau du globe, la Russie, a failli, dix fois, conquérir l'empire Ottoman.

Les manifestations hostiles, soulevées par la seule publication du *hatti-hamayoun*, disent assez combien Agésilas avait raison, et nous donnent le courage de soutenir la proposition qu'on va lire.

LA GRÈCE

ET LA

QUESTION D'ORIENT

DANS L'AVENIR.

Nous avons eu dans tous les temps une classe de grands hommes qui ont, tour à tour, commis les mêmes fautes. Cette classe qui est la plus populaire, celle qui a été chantée par les poètes, louée par tous les historiens, est celle des conquérants.

Sous quelques noms qu'ils aient paru, ils ont péché par les mêmes principes, dans n'importe quelle contrée du monde. Ces hommes vaillants, faute de comprendre les germes de vitalité qui résident chez tous les peuples, s'étaient figuré qu'il suffisait d'avoir de nombreuses armées, des capitaines expérimentés dans l'art de détruire pour changer, façonner, mouler les peuples conquis, à leurs habitudes, à leurs mœurs, à leurs lois, même à leur religion. Le temps a démontré combien leurs calculs étaient faux.

Un homme peut, dans une contrée encore plongée dans la barbarie, adoucir les mœurs, remplacer un culte barbare par un culte civilisateur : cela s'est vu et cela se verra encore. Mais un peuple civilisé, un peuple qui a des lois, un peuple qui a une littérature à lui, l'amour de la famille et d'une religion basée sur la révélation divine ; enfin, un peuple qui a un nom dans l'histoire du passé, ne peut être entièrement vaincu. Il peut être surpris par le nombre ; un voisin ambitieux peut profiter d'une guerre civile pour le soumettre ; il peut être esclave, mais le vainqueur n'a conquis rien autre chose que le corps, l'âme demeure indépendante. Et comme les siècles ne sont que des jours dans la vie d'un peuple, il survient de ces hommes extraordinaires qui réveillent la pensée nationale, et alors, le travail du conquérant disparaît dans une de ces luttes qu'on a nommées, dans tous les temps, Révolution.

Parmi toutes les nationalités, qui sont passées d'une domination nationale à une domination étrangère, la plus vivace, la plus courageuse, celle qui a le plus prouvé qu'elle était digne de reprendre son rang, a été, sans contredit, la nation grecque.

Victime, il y a quatre siècles, de ses divisions intestines, elle se trouva vaincue par un terrible voisin dont les prétentions ambitieuses n'aboutissaient pas moins qu'à la pensée d'arborer le croissant du Prophète partout où s'élevait la croix. La résistance des Grecs fut sublime, mais le nombre était là.

L'islamisme avait remplacé le paganisme dans son œuvre de destruction. Mahomet II régnait dans le palais de Constantin, et les Musulmans priaient dans la superbe église de Sainte-Hélène. Partout, le sabre d'Othman faisait voler les têtes des Chrétiens qui, en acceptant temporairement l'esclavage, demandaient, au moins, la liberté de prier en commun. Les martyrs se comptaient chaque jour par milliers ; la politique musulmane, absolue comme toutes les politiques barbares, voulut même briser les liens sacrés de la famille.

Le nombre des martyrs doublait, triplait, et la nationalité devenait plus forte, le culte restait debout et les liens de famille se resserraient toujours de plus en plus. Enfin, malgré les nombreuses primes accordées à l'apostasie de la patrie et de la religion, la nation grecque ne donnait pas sa démission. Si Mahomet II, dont les talents militaires et les connaissances diplomatiques étaient hors de doute, avait pu lire dans l'avenir, il aurait su que cette rapide conquête était le premier pas vers la décadence de son empire.

En effet, quelle race conquise a plus longuement et plus fructueusement protesté que la race grecque. Toujours debout et l'oreille aux aguets vers l'Occident, les patriotes criaient sans cesse courage et espoir aux infortunés esclaves de l'archipel de l'Epire et de la Thessalie. C'est à la suite de ces appels incessants, de ces plaintes qui retentissaient en Europe et que tous les plus grands poètes se faisaient un bonheur de répéter en vers, que la formidable question d'Orient sortit tout armée des cabinets européens, comme Minerve sortit tout armée du cerveau de Jupiter.

Quel est le Français de quarante ans et au-dessus, qui a pu oublier l'enthousiasme sans pareil qui s'empara de tout le monde chrétien lors de la sublime insurrection qui commença dans les îles de l'archipel pour finir à Navarin.

La guerre qui vient de cesser, a pu faire porter des jugements différents sur les temps passés. Mais il demeurera toujours prouvé que, lorsqu'une partie du monde aussi intelligente que l'Europe, se passionne pour une cause, il faut que cette cause soit juste, soit vraie, soit sainte ; il faut, enfin, qu'une révolution ait une raison d'être pour que des souverains constitutionnels et absolus, unissent leurs forces pour délivrer un peuple que l'on croyait depuis bien longtemps fondu dans le creuset du vainqueur. En vain, on s'évertue à chercher des causes secrètes à la question d'Orient, toute la vérité se résume dans ce seul nom Grèce... Quel a toujours été le prétexte vrai ou faux de la Russie pour se ruer sur la Turquie ? La Grèce. Quels sont les chrétiens les plus nombreux et les plus influents en Turquie ? Les Grecs.

Quel a été le motif de la fameuse ambassade du prince Menschikoff ? La protection des Grecs. Donc, d'après les preuves anciennes et récentes, il demeure prouvé que l'Occident, dans cette interminable question, doit compter avec la Grèce.

Pendant les trois années qui viennent de s'écouler, tous les publicistes qui avaient étudié cette question dans les estaminets de Paris ou de Londres, publiaient chaque jour, dans les fastidieuses colonnes de leurs journaux, que les Grecs voulaient être Russes. Jamais jugement plus erroné n'a été porté sur une nation. Il est temps que la vérité se fasse jour ; les Grecs aiment la Russie par la seule raison que cette puissance a toujours été l'ennemie naturelle de la Turquie.

On a toujours eu le tort de comparer la haine de deux nations à celle de deux individus. Avec ces derniers, les accommodements sont faciles : ainsi qu'on le dit communément, chacun y met du sien ; mais chez une nation, c'est bien différent, surtout lorsqu'il s'agit d'une nation opprimée par une administration aussi barbare, aussi sauvage que la nation turque. Là, les souvenirs sont sans cesse présents à la mémoire : à défaut des images des villes brûlées, saccagées, les traditions de famille sont là pour perpétuer, aux descendants, le souvenir des cruautés commises sans ombre de raison. Et puis, la politique du progrès qui, maintenant, dirige les potentats de l'Occident, se demande ce que les Turcs ont faits des belles et riches contrées envahies par le sabre de Mahomet II, d'Achmet. Là où le Turc a passé, dit un historien anglais, la charrue devient inutile ; et ces paroles sont une vérité. On n'a besoin seulement que de jeter un coup-d'œil sur la rive droite de la mer Noire pour juger des effets civilisateurs de ce peuple impuissant. Le malheureux ! il a pu autrefois conquérir, mais il n'a pas su conserver. Tout meurt sous ses mains : agriculture, commerce, tout se flétrit sur son passage. Cela n'est pas étonnant quoiqu'en aient dit plusieurs turcophiles de fraîche date : le Koran sera toujours la chair, l'immobilité, comme l'Evangile sera toujours l'esprit et le mouvement.

M. Guizot disait, en 1841, en parlant de la question d'Orient, l'incident est vidé, mais la question demeure. L'application du *hatti-hamayoun* dans les provinces de l'Asie, soumises au pouvoir du Sultan, nous dira plus tard si M. Guizot a encore raison de nos jours. Car, il ne faut pas se le dissimuler, la campagne d'Orient a été entreprise autant pour abaisser la prépondérance des Russes dans la mer Noire, que pour assurer aux Chrétiens d'Orient tous les priviléges auxquels ils ont droit. Qu'arrivera-t-il si, malgré toute la bonne volonté du Sultan, les peuplades fanatiques d'Alep, de Damas, de Bagdad, de toute la Syrie, ne veulent pas reconnaître le décret de leur souverain. Les moyens de compression que le Sultan possède, sont insuffisants pour réduire les nombreuses bandes que le respect du Koran peut armer. Faudrait-il une occupation permanente des troupes européennes pour profiter des fruits de la victoire ? Certes, ce serait bien embarrassant et bien coûteux. Nous laissons au temps le soin de résoudre cette délicate question.

Les aveugles turcophiles dont nous avons parlé plus haut, nous répondront que les Turcs sont bien changés. Ils nous pardonneront de ne pas les croire, car ils veulent démontrer l'impossible. En procédant par analogie, nous voyons qu'en France, en pleine civilisation, il a fallu Voltaire et une révolution pour devenir tolérants ; et les Turcs dont nous parlons n'ont eu ni l'un ni l'autre, et, de plus, ils ont un code sacré qui leur conseille la haine au lieu de les inviter à la fraternité. Nous désirons de nous tromper, mais nous croyons que l'application intégrale du *hatti-hamayoun*, le droit de propriété pour les chrétiens, renferme pour l'avenir de graves complications. Un droit connu est un droit conquis. Ce droit, nous l'avons, rien ne doit plus nous le ravir. Il n'est pas juste, d'après toutes les lois de l'économie politique, qu'une fraction du plus beau pays du monde soit laissée en friche lorsque souvent l'Europe manque du nécessaire. Mais, dira-t-on : si pareille chose arrivait, l'équilibre européen serait dérangé ? Pas le moins du monde. Nous allons essayer de prouver que, loin d'être dérangé, l'équilibre européen serait consolidé à tout jamais, du moins en Orient.

Nous avons dit en commençant que la nation grecque, malgré ses quatre siècles d'esclavage, n'avait point donné sa démission de peuple. Voyons, depuis son indépendance, l'usage qu'elle fait de sa liberté.

Tout le monde sait que, de 1821 jusqu'en 1829, la guerre se soutint d'un façon terrible entre l'esclave et l'oppresseur. Les maisons avaient été réduites en cendres, les arbres avaient été coupés, les terres ravagées, les navires incendiés. Qu'a fait ce peuple après sa pacification ; il a relevé ses maisons, des plantations nouvelles ont remplacé les arbres détruits, les terres ont été ensemencées de nouveau, et des navires nouvellement construits portent dans tous les ports de la Méditerranée les produits de son sol régénéré. Un gouvernement monarchique a été créé par les soins des grandes puissances ; ce pouvoir est constitutionnel, les chambres discutent paisiblement, des orateurs du premier ordre élaborent les lois, la presse est libre, des publicistes distingués se font lire avec plaisir par les hellénistes orientaux, un code régulier renferme toutes les lois passées et les nouvelles faites par les chambres, des écoles pour toutes les classes sont fondées dans toutes les villes, l'ignorance est autant méprisée que l'instruction inspire le respect, les beaux arts sont goûtés, le commerce est encouragé; enfin c'est dans cet amas d'îles et dans ce coin de terre que s'arrête la civilisation en Orient.

Depuis Calcutta jusqu'à Marseille, depuis Londres jusqu'à Saint-Pétersbourg, partout les négociants Grecs tiennent le haut bout du commerce qu'ils ont importé avec eux. Si par hasard, dans des temps que nous ne pouvons préciser, un malheur arrivait; si le fanatisme musulman ne voulait point reconnaître les justes conditions posées en 1856 comme le prix de tant de sang versé sous les murs de Sébastopol, et de tant de millions dépensés pour le droit des chrétiens, l'Europe entière, d'après les conventions unanimes, devrait faire respecter le traité. Il faudrait sans doute aller à Constantinople demander raison de la non-observation du contrat européen ; et si, malgré les sages représentations des diplomates, un sultan, autre que le progressiste Abdul-Medjid, se refusait à faire ces concessions répulsives à l'esprit de son peuple, il faudrait donc employer la force ; moyen bien pénible; et cependant cela est possible dans l'avenir. Ce serait alors ou jamais le moment de se rappeler les paroles de Châteaubriand qui dit quelque part que les Turcs sont des barbares campés en Europe. Peut-être penserait-on alors à leur faire quitter le superbe campement usurpé autrefois par la force sur un peuple affaibli.

Ce peuple, que nous avons nommé en commençant, n'a point encore renoncé à Constantinople ; la décadence rapide des possesseurs de cette superbe position est là pour raviver son espoir. Cette supposition, qui est une vérité, va, sans doute, faire jeter les hauts cris à beaucoup de personnes : ces personnes auront tort. Comment ! on trouve tout-à-fait simple que les Polonais attendent Varsovie, on trouve tout naturel que les Italiens rêvent pour capitale de leur empire futur Milan ou Rome, et l'on trouve étonnant que les Grecs rêvent Constantinople ! mais rien n'est plus rationnel. Mais, on dira : Il y a bien longtemps que les Grecs ont perdu cette capitale ! Et qu'importe le temps ! le temps, si long qu'il soit, ne peut justifier une action mauvaise : Catherine II et les empereurs d'Allemagne ne sont pas plus coupables que Mahomet II. Ou les souverains ou les peuples ont raison, c'est à choisir.

Les idées d'ordre intérieur, les relations de famille sont tellement enracinées en Grèce que, n'importe le pays où ce peuple plante sa tente, le respect pour le père est partout le même ; l'autorité patriarcale n'a rien perdu de sa force : c'est toujours Sparte et Athènes avec la civilisation moderne de plus.

Voilà, à grands coups, le portrait vrai de la nouvelle Grèce. Supposons maintenant que, dans des temps à venir, une révolution intérieure, ou bien des dissidences probables sur le continent européen placent la Turquie dans une fâcheuse position ; admettons que les cabinets, fatigués d'un travail qui rappelle un peu trop celui de Pénélope, abandonnent les sectateurs de Mahomet à leur véritable destinée ; posons comme dernière probabilité que les Turcs soient obligés de reprendre la route par où ils sont venus ; quelle puissance européenne oserait mettre la main sur Constantinople ? La France ? impossible ; la Russie ? mais l'Angleterre ne le voudrait pas. Cette possession serait le brandon de discorde qui allumerait le feu d'un bout à l'autre de notre continent. L'union qui règne chez deux puissances rivales pour atténuer les effets de l'influence russe dans l'Orient en dit plus, à ce sujet, que tout ce que nous pourrions ajouter. Il faudrait, dans un cas pareil, une nation toute prête à être à la fois puissance maritime et puissance continentale. Cherchons, parmi tant d'éléments divers, celle qui pourrait le mieux convenir à cette destination, et enterrer, pour toujours, la question d'Orient.

La grande famille Slave pourrait, certes, revendiquer un droit; mais les nombreuses divisions de mœurs, de langage, même quelquefois, de culte seraient encore la source des guerres civiles d'autrefois ; d'ailleurs, leur esprit n'est pas façonné à l'habitude des administrations régulières, les habitants des villes et des campagnes sont trop esclaves, et ceux des montagnes sont trop libres ; c'est toute une éducation à faire, et l'empire nouveau aurait le temps de succomber vingt fois avant que cette éducation fût entamée. Les anciens possesseurs de la rive de la mer Noire, qui s'étend vers l'Euphrate, les Arméniens, ne sont plus que des commerçants nomades prêts à obéir à tout régime qui voudra les laisser s'enrichir. Il ne resterait donc plus que la Grèce à choisir.

Examinons quels seraient les avantages moraux et politiques de ce dernier choix : Nous l'avons dit, comme condition morale, la Grèce a peu à envier à beaucoup de puissances occidentales. Gouvernement, lois, instruction, commerce, tout existe, et tout est basé en grande partie sur ce qu'il y a de mieux en Europe; il ne peut en être autrement : il n'est pas deux moyens de bien faire en matière de gouvernement. Une sage liberté, le respect du peuple pour les lois, la tolérance pour toutes les croyances dissidentes, sont partout les signes certains de l'avenir d'un peuple. On ne peut nier que, depuis sa régénération, la Grèce n'ait marché rapidement vers ces conquêtes morales ; et, sans être taxé de partialité envers les peuplades diverses qui vivent depuis les montagnes de la Transylvanie jusqu'au versant des Balkans, on peut dire que la Grèce, sous ce rapport, n'a point de rivaux dans tout l'Orient.

Les avantages que nous venons d'énumérer sont bien grands pour donner lieu au rêve d'un empire Byzantin ; mais les avantages politiques, sont peut-être plus grands encore. Qu'on se figure ce royaume, qui comprend à peine aujourd'hui, comme terrain et comme population, la valeur de deux départements français, transformé tout-à-coup en un vaste empire, ayant des forêts pour construire des vaisseaux, du fer pour ses machines, et de la houille pour ses navires à vapeur.

Qui donc, mieux que cet empire pourrait garder de toute atteinte ambitieuse les clefs de la mer Noire et le littoral du Danube. Tous les éléments de conservation se trouveraient dans cet empire. Les fleuves, que l'incurie musulmane a rendus impossibles à la navigation, seraient, par le besoin du commerce, rendus à leur véritable destination ; ces routes impraticables, dont les difficultés doublent, triplent souvent le prix des marchandises, seraient promptement couvertes de chemins de fer, chose qui aiderait l'Europe à verser son trop plein de population en Orient, et qui rendrait la consommation plus facile et plus abondante.

Pense-t-on que, n'importe quel Czar russe oserait tenter le passage du Pruth, ou les défilés des Balkans, si ces positions étaient défendues par trente mille hommes de la trempe des soldats de Marco-Botzaris, ou des héros de Missolonghi. Pense-t-on que la Russie, dont les matelots lourds, inexpérimentés, ont passé en proverbe, oserait montrer ses vaisseaux dans le Bosphore, en présence d'une escadre montée par ces matelots agiles et courageux, qui, avec de pauvres barques, allaient brûler les trois-ponts ottomans. Non, une invasion russe deviendrait impossible; ses frontières deviendraient plus en danger que celles du nouvel empire. Ici se présente une objection sévère, et qui, malheureusement, a quelque fondement. — Vous pensez, dans l'avenir à un empire byzantin, nous dira-t-on; mais en énumérant les qualités des Grecs, vous avez omis de parler de deux plaies qui rongent ce petit royaume, et qui ont rendu odieux le nom Grec aux voyageurs ainsi qu'aux navigateurs; ces deux plaies sont le banditisme et la piraterie.

Rien de plus juste. Il est prouvé, par des faits patents, que rien n'est moins sûr que les montagnes de l'Épire et de la Thessalie, et que les côtes de l'Archipel ne sont pas toujours fort hospitalières ; mais tout cela est la suite inévitable de la vieille domination turque. Les écrits publiés en 1824-25 sont là pour attester que, le pouvoir des pachas étant illimité, ces administrateurs, autant par haine que par rapacité, avaient, à force d'exactions, rendu le travail de la terre impossible ; les charges des impôts dépassèrent le produit du travail ; les réclamations devenaient inutiles; la voix des rayas n'arrivait pas jusqu'au trône impérial. Les Grecs abandonnés de tout le monde, se mettaient en guerre ouverte avec tout le monde; les montagnes seules leur offraient un abri sûr où ils pouvaient à la fois attaquer et se défendre. D'autres, persécutés sur les côtes maritimes, se réfugièrent à bord de leurs petits navires, et firent, de la piraterie, un métier.

N'ayant pas l'avantage, d'avoir comme Alger, Tunis et le Maroc, la Turquie pour complice, et de pouvoir vendre, au vu et au su de toute l'Europe, les prisonniers qu'ils faisaient dans leurs courses, ils les sacrifiaient à leur propre sûreté. Alors, ce qui avait été enfanté par la haine, la crainte des supplices et la misère, devint une habitude.

Un simple récit viendra à l'appui de notre assertion. Les *Causes célèbres* nous ont conservé l'histoire d'une infinité de chefs de bande qui désolaient la France sous Louis XIV et Louis XV. Il n'était pas rare alors de voir des bandits lutter avec avantage contre les troupes du gouvernement; on a vu même le fameux Mandrin s'emparer de deux villes. Faudrait-il conclure de cela que le banditisme était inoculé chez le Français? Les trois quarts de ces voleurs de grand chemin avaient commencé par la contrebande, et avaient fini par devenir, par la peur des punitions, des assassins redoutés. Sous le premier consul, combien de jeunes gens, fuyant la conscription, ont commencé par être réfractaires, et fini par devenir, par besoin et par peur, voleurs de grand chemin. Il n'est point d'effet sans cause.

Qu'une race barbare et ignorante comme le bédouin africain ou le bédouin syrien fasse du banditisme un métier ordinaire, cela se conçoit: voisins de la brute, ces gens-là n'ont point les premières notions du bien et du mal ; mais que l'on vienne dire qu'une nation qui a brillé au premier rang par ses lumières, la nation à qui le monde doit Socrate, Platon, Démosthènes, Sophocle, Eschyle, Phidias, Appelles et tant d'autres, fait le mal pour le plaisir de le faire, c'est incroyable : et ceux-là même qui le disent ne le croient pas. Tous les malheurs qui sont arrivés par suite du banditisme, doivent retomber sur les persécuteurs ottomans qui, pendant cinq cents ans d'oppression féroce et stupide, ont essayé de flétrir, disons le mot, de faire descendre à leur niveau les descendants des civilisateurs du monde.

Grotius l'a dit, il y a longtemps : les peuples civilisés ne peuvent faillir à leurs destinées, ainsi que les peuples barbares : pour les uns l'élévation, pour les autres la chûte.

Dans le grand mouvement social qui s'opère, avec les moyens rapides de locomotion, les peuples progressifs, par la seule force des choses, iront planter leurs tentes au milieu des peuples en retard. Si ces derniers s'exécutent de bonne volonté, ils prendront place au sein de la grande famille humaine ; s'ils résistent, s'ils veulent se mettre en travers du char du progrès, ils seront broyés par les idées présentes comme ils ont, autrefois, broyé les autres par la force.

Les alliés viennent de construire un pont d'or à la Turquie pour opérer sa retraite ; la question de l'indépendance des chrétiens est posée : ce droit est conquis. Ce n'est plus une chose octroyée par le sultan, c'est le prix du sang répandu et de l'argent dépensé. L'Europe attend l'exécution franche de ces conditions toutes naturelles. Si cette puissance veut éluder ces droits si justes, si elle n'a pas la force de dompter le fanatisme, si elle prend le Koran au sérieux, elle est perdue pour l'avenir ; et alors, l'Europe fatiguée de cette résistance stupide, fatiguée de sacrifier toujours ses enfants pour une cause perdue, pourrait, dans une nouvelle conférence, penser à la résurrection de l'empire byzantin.

Nous vivons dans un temps où nous avons vu des choses plus difficiles s'accomplir.

Maintenant que le canon vient de se taire en Orient, maintenant que la voix de la passion ne se mêle plus aux raisonnements calmes et désintéressés, on peut, sans risquer de démériter aux yeux de quelques patriotes trop crédules ou trop zélés, émettre au grand jour quelques idées qui auraient suscité, il y a deux ans, des discussions furibondes à leur auteur.

L'auteur de cet opuscule a vécu avec la partie éclairée du peuple dont il parle. Il a examiné, jour par jour, soit en causant, soit en cherchant dans les livres les mieux renseignés, jusqu'à quel point M. Charles Bernard, l'auteur de la *Turquie Contemporaine*; M. About, l'auteur du *Voyage en Grèce*, pouvaient avoir raison. Ses études, ses réflexions, ses liaisons, lui ont dit, mieux que tous leurs écrits, que dans toutes les discussions qu'il a soutenues depuis trois ans, il avait la logique pour lui, à l'époque même où il y avait quelque courage à ne pas être de l'avis de tout le monde.

Mis plusieurs fois au défi de dire publiquement ce qu'il disait en petit comité, il est sûr d'avance de n'avoir rien avancé qui ne soit dans les limites du possible.

FIN.

www.ingramcontent.com/pod-product-compliance
Lightning Source LLC
Chambersburg PA
CBHW061013050426

42453CB00009B/1411